16	3	2	13
5	10	11	8
9	6	7	12
4	15	14	1

Fabiano Calixto

SANGÜÍNEA

(2005-2007)

editora■34

EDITORA 34

Editora 34 Ltda.
Rua Hungria, 592 Jardim Europa CEP 01455-000
São Paulo - SP Brasil Tel/Fax (11) 3816-6777 www.editora34.com.br

Copyright © Editora 34 Ltda., 2007
Sangüínea © Fabiano Calixto, 2007

Edição com apoio da Secretaria de Estado da Cultura,
Governo do Estado de São Paulo.

A FOTOCÓPIA DE QUALQUER FOLHA DESTE LIVRO É ILEGAL E CONFIGURA UMA
APROPRIAÇÃO INDEVIDA DOS DIREITOS INTELECTUAIS E PATRIMONIAIS DO AUTOR.

Imagem da capa:
Marco Buti, Sem título (Ir), *gravura em metal, 1998 (detalhe)*

Capa, projeto gráfico e editoração eletrônica:
Bracher & Malta Produção Gráfica

Revisão:
Alberto Martins, Fabrício Corsaletti, Maurício Baptista Vieira

1ª Edição - 2007

CIP - Brasil. Catalogação-na-Fonte
(Sindicato Nacional dos Editores de Livros, RJ, Brasil)

Calixto, Fabiano, 1973
C149s   Sangüínea (2005-2007) / Fabiano
Calixto — São Paulo: Ed. 34, 2007.
128 p. (Poesia)

ISBN 978-85-7326-387-9

1. Poesia brasileira. I. Título. II. Série.

CDD - B869.1

So I sing a song of love
para Juliana, todos os poemas

*Qual seria a diferença
   entre o fogo do meu sangue
e esta rosa vermelha?*

Paulo Leminski

Lado 1, Lado 2, Lado 3, Lado 4

A CANÇÃO DO VENDEDOR DE PIPOCAS

para Angélica Freitas

em frente ao
Banco de La Nación Argentina
o vendedor de pipocas
da avenida Paulista
desvenda os mistérios do Honda prata
que passa lentamente, soberbo
("coisa mais sem gente!")
pensa na noite crônica no organismo
da tiazinha de vestido florido (onde
predomina o ruivo)
agora assobia e coloca milho na panela
os estouros acordam a minha fome
(no *El País*
El presidente apuesta por las políticas
a favor de los "más olvidados"
y "los que pueden menos" —
risco outro fósforo, acendo outro cigarro,
outra melodia
frustrated incorporated)
quando chega o outro, de bicicleta
noticiando o acidente na Rebouças
("foi feio pra caralho, mano!")
logo envelopa a fala, se cala
a chuva recomeça sua cantilena
preciso das horas, mas não encontro meu celular

uma moça linda (ensopada) pára
em frente a mim,
balbucia
can you help me remember how to smile?
silencio e miro a placa brilhante
que traz o nome do meu amor
— imagino que as canções de Bob Dylan
existam para nos fazer suportar dias
como este — a
cidade se altera, oxida de
alteridade e acídia
(La Contenta Bar
está muito muito longe e
a noite passada
você não veio me ver

DE SANTO ANDRÉ AO CAMPO LIMPO:
O BRASIL

para Heitor Ferraz

esta manhã está linda
sob este sol que desliza
sobre os capôs dos automóveis
a quentura alastra por todo o ar
a imundície dessa cidade
(e depois de passar por três,
quatro, talvez cinco mundos diferentes
no estômago carcinomatoso da mesma cidade,
uma pergunta põe sal no café:
que tipo de futuro tem um país como este?)

o festival do morango
regado com o sangue de mais
uma chacina
os ônibus queimados, os olhos inchados de choro
o medo de não ter
o que pôr na marmita
ou o que pôr no caixão

a linha amarela em construção
(sepultando a plebe às pressas)
o Hyundai blindado, o Toyota
a fila imensa de carrinhos de papelão
com seus condutores e seus cães
tecem o trânsito, tramam

o inferno de sua mais
profunda estima

— realmente não sei que futuro isso terá...

estou indo longe demais
da minha cidade, de mim mesmo
sonho demais —
na telinha LCD se vê
uma flor cor de toalha
exalando perfume a um operário gordo
atrás do bigode
com luvas verdes e capacete marrom

os assassinos estão livres
o patrimônio do excelentíssimo senhor presidente da
[república
dobrou
é ano de eleição, tempo de monturo
minha ânsia de vômito dá potentes sinais de vida
meu nojo
não cabe na urna

(mendigos vomitam tíner
na Galiléia do apóstolo)

Estrada do Campo Limpo — julho gélido
muitos olhos tristes dentro do ônibus
(tantos ladrões com filhos pequenos para criar
tantas donas-de-casa com tesão insaciável
a estudante caligrafando a cola
nas deliciosas coxas grossas

de colegial cavala)
será que
quando vêem uma maçã
têm noção de sua gestação
de sua sugestão
do esforço de seu doce suor?

(duas garotas no banco de trás:
"a grávida entrou, né,
e eu nem aí, meu,
gravidez não é doença
quem mandou dar?")

somos mesmo uns boçais
o real nos doerá para sempre

em tempo de eleição
vomitar tornou-se uma higiene

três idas ao banco implorar pelo assalto
já me pediram voto
não respondi

desviando o rosto de qualquer
em especial a memória
não exalava nem colônia nem canard

chego à Perimetral
a noite continua veloz
ouço um prantear, chove às bicas

ruga ínsita

NO CAMPO LIMPO, EM VISITA

para Nelson Vilaronga

a Leila diz que a formiga emprestou-lhe
cor à pele, e se ri sorrindo um riso lindo
a faca na face da alface face ao sol
o Luan está sempre compondo um poema
examinando a ferida que aflige todas as flores
na mira dos martelos e das foices da fala (de dentro
de sua estação lunar,
ele escuta os batimentos cardíacos
das palavras)
dos cromos do *calcio* italiano, surge
o Tomaz tomando partido do ouro
perdido entre tambores e livros
ecoando a todos seu exclusivo mantra
entre dentes estridentes, Uashington
carimba seu carisma na alma da minha mão
e sai à ginga mesma de sua lábia
à cata da sábia que saiba da próxima balada
de repente, zupt! blá-blá-blá!! zás-trás!!!
surge o Vinícius derrubando o fim do mundo
gorjeando duas mil gárgulas na garganta
depois, entre gigabytes e begônias,
elétrica, Fernanda vem vindo, rindo
(*cause everybody knows*
she's a femme fatale)
como que a debochar
deitando um *nem aí*

e eu penso:
tocando os pés no chão
alcança as estrelas

e a paisagem pede mais (para assim
tornar-se mais paz e aplauso)

assim passam-se os dias
que todos os dias decidem
dar a tudo aquilo que os deuses
deram as costas
— por istos e desistos
implícitos —
um tanto de delicadeza
e outro de incentivo

caso o acaso os recuse
que a vida os mantenha
vivos

UMA PAISAGEM DE SÃO PAULO

antes da chuva, o mendigo
já estava morto

(uma flor suja — pétalas
despencando da camiseta — sua

única coroa)
antes da morte

o viaduto já abarrotava
antes da enchente

a boca já estava cheia
de sangue, de formigas,

de
granizo

VERSOS DE CIRCUNSTÂNCIA

eu não entendia
e ela se mexia tanto ao meu lado
e aqueles bancos apertados
o ar condicionado gelando
tudo (os brincos dela,·
o meu humor)
mais de uma hora cruzando
ruas, avenidas, parágrafos —
o livro gritando alto
para um mundo ensurdecido
depois de arrumar-se mais
algumas dezenas de vezes
o sol já estava no meio do céu
quando ela se levantou
foi então que percebi que
três pequenos pássaros
voavam em suas costas

PEDAÇOS DO ESQUELETO

/ se eu quebrar com meus sonhos / e só restar o tédio medonho, / a decrepitude, a tristeza infinita / o monturo (na vida, na escrita) / nenhuma cia. de seguros / vai arcar com o prejuízo / então, / dou um basta à bosta toda / redesenho o traço da boca / deito um sorriso lindo para o mundo / respiro fundo, vou com tudo / porque é assim (e só assim) que se tem que ir // a av. Paulista correndo é tão engraçada / parece uma cobra de marshmallow / uma viagem de ácido / uma enguia eletrocutando a língua / os olhares, os colares, tristes demais / estupefatos, oleosos, covardes e sem razão / a cavoucar a cidade atrás de um tostão / ou de um milhão / pobres diabos e diabos ricos a rastejar / quarteirão a quarteirão / uns com ar condicionado, mp3, Honda, / apartamento mobiliado, aulas de inglês / outros não / a gente que tem / heliporto / vinho do Porto / trabalha no Horto / não passa fome nem morto / e a gente que / disfarce a disfarce / ganha apenas o necessário / para endividar-se /

TAKKA TAKKA

para Zhô Bertholini

entre arcos, carros, pactos, a vida escorre
viscosa, com o veneno da esperança,
já sem biografia, sem a umidade dos dedos
degustando-a em contorno de dicionário.

a luz, redimida do inferno, estilha
sobre a coragem do dia-a-dia, cai,
desaba. a luz é uma sangria. porém,
grita (outra luz) sonhos e coleção
de casamentos, onde a felicidade
acaba antes do noticiário. nítidos, todavia,
socos nos tímpanos, formigas de chumbo
a escavar as vísceras, pântano no estômago.

a ternura fria com que a madrugada
desperta a manhã — sem canhões, distanciando-se
com seus pesados passos, guardando suas
tralhas no esquecimento das estrelas.

nas sobras da cidade (da noite)
um rosto esguio, juvenil, debaixo
de olhares nublados de sono,
ponteado a benday, já-ido,
vaza.

UMA OUTRA MANHÃ EM SANTO ANDRÉ

para Marcos Moraes

sem índice, eu disse
a mim mesmo,
que esclareça
a delicadeza azeda
que elide uma
sílaba deixando
uma cilada
semântica

se porventura
aquele homem-sanduíche
não caísse
desmaiado de fome
sobre a geometria viva
do calçadão de Sacilotto
que outro assédio escroto
nos visitaria
nesta manhã de sol libidinoso,
enquanto tramam no Planalto Central
outro (e outro) assalto?

na abrupta seqüência
de trevas
Offrant à la gloire de Dieu
Le triomphe de ma tristesse...
— e a esta cidade (província

cheia de ridículos dedos),
um remorso
vagabundo — estas mãos
inclassificáveis (que
andam freqüentando
poemas e acácias)

(muitos metros acima
dos imponentes sacos de lixo
entre gigantescas janelas azuis
limpíssimas e adolescentes consumindo
cocaína e coca-cola, a vertigem:
gárgulas, pestes e plumas)

TRAMÓIA TRAPAÇA E TRETA

"Vossa excelência é
mais transparente do que
o liquor de uma pessoa
que não tem meningite!"
: orgulha a goela do nobilíssimo
ao naco patético do sufoco nacional.

a máfia pudibunda escoa seu scotch
à paisagem de nádegas especuladas
da abundante suruba monetária.

como sempre (para sempre),
a pátria pária patina na escória.
— diante tal disparatada partilha
(fundadora já antiga de desastres,
perfeita má-fé que a tudo anula)
ser seria um refrão pequeno, mínimo,
aziago?

DEVANEIO COM CANÇÃO POPULAR
DO CENTRO-OESTE & OUTRAS CANÇÕES

tenho quase 35 anos
e meus cabelos quase todos brancos
assim caminho pela cidade
hesitando entre a Senador Fláquer
e a Gertrudes de Lima (dores paralelas,
rastros de lesma na face do asfalto)
tateio a língua universal — a que se ausenta,
a que tenta deslocar a dor dentre os dentes,
a que, se por um furto ou um susto, falha —
tateio a língua universal, a minha: pitoresca
(um bar qualquer no interior de Minas Gerais,
lendo lendas brasileiras, bebendo aguardente,
olhando-a passear no meu pensamento,
bajulando a boa bisca da vida, na fonte
— um poeta bucólico, dirão em alguma parca resenha)
nenhuma palavra, agora
um ponteio imaginário
tece à triturada trama
do tiroteio um aquoso botão de rosa
um fastio súbito
emana da espera nos faróis,
do organismo vítreo dos edifícios,
do sol apagado pelo desânimo do inverno,
dos cabelos quase todos brancos
nem uma, nem outra
volto

(uma canção do Roberto)
retorno
amanhã é quase meio-dia
tenho que preparar
o almoço
— talvez coma lápis-lazúli
ou, isto é,
faça para ela
salada de tomates com cebolas
logo após agora
retomar as leituras, os cantares,
matar a sede, a fome, o desejo
nesta vida que se consulta, se costura
(surda, sonora, insana, sensual)
entre o prefácio e o colofão

PARANAPIACABA, UM DIA

chegamos à av. Fox
um vento gelado no rosto
as árvores como tigres espreitando
pelas venezianas
no céu, gigantescas filandras glaciais
uma tarde trincada por relâmpagos

(cerveja gelada, arroz, peixe e batata frita,
sentados ao terraço (de uma arquitetura
perdida), assistimos aos
casais do século XIX, que adentravam
o baile do Clube Lira Serrano
com seus fraques e vestidos de gala,
rostos alegres e mãos dadas,
tomados de névoa — a mesma
com a qual se vestem os mortos
e as fotografias antigas)

a mata atlântica abraçava o velho casarão
que cultivava, sem barulho, seus fantasmas
(que, por sua vez, guardavam, incansáveis,
os pequenos dias que iam embora
no sótão, junto aos vagões
que, como aqueles, também partiram para sempre
— os dias, com suas espinhas, seus numerais vagos,
a ilusão suprema do fim de todo o mal;

os vagões, sua pele planejada, sua tinta
coroando a labuta, seus personagens complexos
a esconder sob os cílios tantas paisagens)

como dois casais de navegantes do tempo,
como, quando crianças, nos velhos seriados de TV,
como pequenas iguarias no estômago de um deus faminto,
como quatro pares de asas tornando o planeta mais leve,
escrevemos nossos nomes, inscrevemos nossos risos
(por puro acidente) naquele dia
na história do Ocidente

CANTO DE INSÔNIA

alguém na vida da minha mulher sonha em plantar eucaliptos. na vida da minha mulher, alguém não consegue se lembrar dos sonhos da noite anterior. no porta-retratos da minha mulher a família está desfalcada. na bolsa da minha mulher há balas de menta extraforte e trocados para o ônibus. há também, na bolsa da minha mulher, o clássico de Melville. o que mais me intriga, entretanto, é que alguém na vida da minha mulher sonha em plantar eucaliptos. talvez isso me assuste um pouco; mais, muito mais, que a sala vazia, que alguém que aguarda, *uma saudade de pedra*, o amor na enseada.

DO TEMPO

o que ela disse: adeus
o que ela pensou: tudo acabado
o que eu pensei: tão longe do peito
o que havia no quarto: o quarto
o que eu pensei: adeus
o que escrevi numa folha de caderno: a íris, um lago
o que havia no vento: (mas, talvez)
o que deus disse: em que corpo?
o que eu disse frente ao espelho: em qual maquinário?
o que a lágrima fez: água morna e silêncio
o que o tempo disse: um
o que o tempo pensou: vazio
o que pensamos antes de dormir: adeus
coro: lembrar lembrar lembrar
o que estamparam os jornais: um elefante jamais esquece
o que aconteceu quando acabou o cigarro: quarto de hotel
o que a morte disse: muito frio
o que eu pensei: garganta raspada
o que estava escrito no lembrete: inverno
o que a vida disse: lilás
o que o tempo pensou: queria que não fosse assim
o que eu senti: terríveis dedos

DELICADEZA

novamente a vi dormir
novamente o cheiro
e aquele último trovão
acendeu todo o quarto
iluminou sua nuca

DEPOIS DA MÚSICA

senti teu silêncio trincar algo
uma ferida sem cuidado
uma folha seca na calçada
uma xícara de vidro

depois da música
(depois da última música)
teu corpo não tinha mais
o traço fino da minha interferência

dentre tantos enigmas
deste verão de portas abertas
à áspera luz laranja
contra a quase
não luz
quase
não púrpura
recheada de estúpidos insetos,
fica este, o único que importa:
onde meu mínimo, minucioso,
vocabulário?

RUÍDO ÚMIDO

o amanhecer é triste
a lua ainda expulsa
à pia da manhã
os últimos uivos dos cães
vermelho amarelo prata
despertar é despedida
(com um lenço quadriculado
na cabeça, um elegante
sobretudo claro, mirando
algo delicado do outro
lado da rua, as mãos nos
bolsos, rindo, sabemos que ela é
Sylvia Plath, e que, depois de tudo,
a palavra *vida* não
a levou de volta para casa)
chuto pequenas pedras
observo pequenas trevas
que ainda sobram nas lacunas
ornamentais e fixo
o desalento

ATO V, CENA IX

para Delmo Montenegro

quase perco a hora
penso
anuncio o escarcéu ao sol
(recluso, cavo o pulmão
do poeta em busca do
delicadíssimo vocábulo)
gelatina goteja das narinas
se houver chance, falo
se não, avacalho de vez

a faca cega do sonho — nula
engenharia enlouquecida
e eu, pasmo, medito do lado
esquerdo da avenida, exaurido
(sem querer nenhum encontro)
tentando entender a tempestade
que me espera na saída
tantas arestas a reparar, tantas
línguas pra ler — em outra língua —

penso em aprender grego —
junto os resíduos, os gritos,
ponho-os numa única mitologia
recuso-me a entrar, doem-me
a sintaxe, os dentes, a alma
as lágrimas continuam e
o mesmo desespero de sempre
o mesmo sorriso de malas prontas

BALADETA À MALEDETA

ó vida, minha vida linda
já te botei muito band-aid
já te dei muita colher de chá
muito pão-de-ló
agora só te darei veneno

on the rocks

CANÇÃO DE NINAR

Sleep pretty darling, do not cry,
And I will sing a lullaby
Lennon & McCartney

na noite de 25 de dezembro
havia luar.
a claridade favoreceu a perseguição feroz
de Blûcher.
não sei exatamente
em qual ponto me perdi.
quando ela disse
"os idiotas não morrem de tédio",
pensei nos trezentos e tantos muitos dias
que jamais caberiam em um sorriso
— nem de alegria, nem de desespero.
havia
uma formiga
em um dos botões do buquê de rosas
vermelhas
que eu escolhi para a Ju.
(uns dias antes, o céu estava azul,
mas um azul estranho, pérfido,
um azul com câncer).
algumas estrelas coloridas no corpo
da garota que esperava e ouvia mp3 —
(Strokes? talvez Nick Drake).
tudo isso
enquanto eu pensava em meu pai.

as flores ficaram.
credo quia absurdum. amo quia turpe, quia indignum.
quando a gente vive
com muito pouca grana
há uma necessidade atroz
de se portar como cristão,
de amar o próximo.
na verdade, todo aquele sangue,
o esforço meio camponês (atropelar
três tetrâmetros trocaicos
por algumas garrafas de Jack Daniel's),
tudo isso foi
foi
foi (por falta de outra
palavra que me contente (ou
a vocês) ou que me comova)
foi muito, muito

turquesa

demais.

GUAIFENESINA DEXTROMETORFANO

garganta que lateja, áspera
pedra noturna — *viver triste, asfixiado,*
uma eternidade vermelha. (aço de navalha
enrubescido); paisagem (vermelho-de-
açafrão) que o vento diz, oxítona; (rubro,
sangue-de-drago, noite sangüínea,
rubi, terra onde violas-em-ponteio,
onde, canoros, os lábios das moças —
aliás, onde os lábios das moças: dois
incêndios); a voz que não sai, o braço
que não abre o corpo do livro, o poema
que não se deixa ler, que se fecha aos olhos,
o sono que cessa assustado de suor.
(pargo-vermelho; carmesim; rins;
rasura de amoras; sangue, sem explicação).
— palavras atropeladas por estrelas —,
insone, insosso, sem jeito,
ouço sinos tocarem longe, penso
em Maurício e Teresinha, em Londres,
imagino a calma turbulenta das mãos de
Sylvia Plath escrevendo em seu diário:
"Sou eu mesma. Não é o bastante."

MUSIKKA (SCRITTI POLITTI)

nenhuma lágrima
desce dos olhos
do mundo pasmo
indiferença
brutal de quem
se orgulha tão
cheio de brio
(e de dinheiro)
filho de deus
enquanto a morte
apenas ronda
a tela da
televisão
e o problema
apenas vive
no lá de lá
do quarteirão
saber viver
mas para quê?
se aquele sábio
grande poeta
um dia disse:
nada é mais belo
do que o que não
existe

JUNTANDO GRAVETOS

para Antonio Calixto, com carinho e muita saudade

Faz um tempo eu quis
Fazer uma canção
Pra você viver mais
John Ulhoa

o silêncio de hoje
toca a quaresmeira lá fora
e, hóspede da perfeição,
torna-se igualmente lilás

é com esse silêncio
que leio suas palavras potáveis
recém-chegadas de longe
— de onde? —

(a dor nos traz anseios
tolos — como fazer a Terra
voltar meses, anos atrás, como fez
aquele herói extraterrestre
do filme e do álbum de figurinhas
que juntos colávamos
em muitas manhãs de domingo —
ou olhar uma estrela
e imaginar que você
dorme em algum lugar
ali por perto —
e nos dá a medida do tempo
e continuamos sem entender

medida alguma, aguardando
o barco retornar de Delfos
para que possamos, também,
nos despedir definitivamente
desse nosso
bosque liliputiano)

dizem que é a última canção
mas eles não nos conhecem

por dentro da tarde
as flautas tomam fôlego
para que canções flutuem
ao redor das árvores
que fazem sombra
para os que se despedem

TENTANDO ENCONTRÁ-LA

jamais deixaste de estar
aqui — pensei *quando*
folheavas *o livro que*
nos trouxe àquela
adega, e, tímida e elegantemente,
esparramava-se no ambiente
um hálito de cabernet, o tempo,
versátil, explodindo
como uma ferida que jamais
cicatriza e então ao saber que
lemos não o juízo que
poderíamos professar
sobre a tensão que
nos acorda
de um pesadelo (ou
de uma moldura de gesso)
tudo se esvai (ninguém
mais espera frente ao
aparelho telefônico e
com os punhos cerrados e os
dentes, desespera)
e dizes amanhã
amanhã
e aguardo
enquanto troco o casco do barco
no meio do oceano atlântico

(se imaginássemos araras azuis (ou
talvez os esquilos dos invernos
do outro hemisfério)
pesaríamos *sobre o nosso crânio*
menos tradição (no que
secamente:
não!) digo que necessito apenas de ar
e saliva (a minha misturada com
a tua) *le chant raisonnable des anges*
faz referência a esta experiência
soluço, mesa vazia
só perda
para que continues
diva, tento organizá-la
na ausência insuportável
— então, cai o pano
lemos o livro?

UMA HISTÓRIA DE AMOR

Take 1:
Desmond pergunta
jogado no sofá da sala
nocauteado por um litro e meio de conhaque
por onde andará seu amor

Molly tenta arrumar os livros,
os discos, os dísticos
em seu quarto e
indaga ao espelho
a quem serve
a tal da democracia

Take 2:
desaba na cama nem vê que o lençol
é xadrez e que não há mais
cigarros dentro da gaveta
do criado-mudo

interiores habitados por
violência de dissoluções
e ternura

ela caminha na neve
lábios russos e rachados

a água cai e estoura o estuque
repete-se (elegia voz)
a morte
nas trincheiras
(o silêncio é um
único grito de dor
it is said to represent a mirror

POEMA N. 56

nas sendas do sonho
ela ia falando falando
(era americana e seu nome: Sylvia)
e falava muito (vestia
camiseta roxa) torrando frases em francês
(tinha uma caderneta de
anotações sobre as coxas) topando
expressões latinas (os olhos
talvez em chamas) deitando
elegância de mulher fina
à sua exposição leve
enquanto tomávamos chá de morango
o rádio estava ligado
Angola Congo Benguela
Monjolo Cabinda Mina
Quiloa Rebolo
Aqui onde estão os homens
Há um grande leilão
Dizem que nele há
Uma princesa à venda
Que veio junto com seus súditos
Acorrentados num carro de boi
aprendi, naquele espaço
de antimatéria inexplicável
que, depois de uma tarde
daquelas (não posso esquecer-me

dos cookies e de dois ou três
poemas que lera em sua língua),
na *floresta encantada da linguagem*,
onde quer que uma joaninha pouse
acende-se uma flor
de noigandres

CANTO LXXIII

para Dalila Teles Veras

a poesia coalha as tardes de sábado
(o livro se estilha em folhas que, antes

brancas, agora atrigueiradas pelo
inevitável ex-libris do tempo)

a morte secreta afina seus violinos
projeta à cidade o sonho dos náufragos

cada sede retorna imensa e azul
cada página imprime sóis aos sentidos

a leitura do poema pede
aquilo que as sombras meditam

entre este movimento e aquele
anterior à chegada do café

THE BALLAD OF SID & NANCY

para Marília Garcia

não havia mais ninguém naquela longínqua
noite londrina (cabriolés e morcegos em só silêncio. as
árvores do inverno balbuciavam berceuses
e imagino que havia esquilos em
algumas delas), era, pois, 1854.
sha-la-la
B. vai a Ancara, mas não encontra
nada de estranho na ausência de
Nancy. Neblina, neblina, neblina — densas, gélidas.
não era mais 1854, nem eram
carruagens, mas sim automóveis. o ano: 1976 ou 1977.
nem eram mais talheres de prata,
mas, uma carta escrita com caneta azul,
com um grande N no verso,
na parte inferior direita.
uma fita Basf, corroída, sobre
uma caixa de sapatos velha (onde se viam, também,
duas fotografias de uma menina
com suéter vermelho com um Mickey Mouse
de pelúcia atracado ao peito, num dia de sol
talvez nos Alpes suíços). na fita, apenas ruídos —
como de quem tivesse acabado
de ser derrotado por aquela
agonia de não poder nem perceber
o quão importante é
tomar café com solidão.

de lavar a louça por lavar.
— desespero,
apenas. ruídos
de sem dizer nada. ruídos.
sha-la-la
mas a polícia já estava no local, a fome
de alguém havia sido devastada
por uma caixa vazia de pizza,
a lâmina ruiva, a garrafa de leite
pela metade
a cama, um mar de sangue e silêncio —
só um bebê no local onde
a perícia coletava os átomos que balançavam no ar.
— quando pôde ler as palavras de
despedida de Nancy, que
agora estava em algum lugar em Kiev ou La Paz.
ou no sul da França. e aquele *eu te amo, mas...*
foi demais para o pobre Sid — que
(quê?) talvez (talvez?) agora (agora?)
mixava os próprios urros em outra música
em outro cubo de aflição
enquanto, longe, os olhos de Nancy mentiam e
mediam
o Sena.

SIMÃO NO DESERTO

um girassol no céu da boca —
foi assim que imaginei ouvindo-lhe o violão
e a voz rouca
pensei em sua definição da expressão *rain dog*
... the ones you see wanderin'
around after a rain. Ones that
can't find their way back home. See
the rain washes off the scent
off all the mail boxes and lamposts,
fire hydrants.
conheço muitos rain dogs
os mais delicados e os mais loucos
(François Truffaut não era um?)
fazia quase uma semana
que você tinha partido,
na primeira noite de sábado largado no mundo
lá estavam eles
a me acompanhar — *Mule variations*, *Blood money* e
                                              [*Alice* —
quase uma hora da madrugada
resolvo acender o vernáculo
na caixinha de água virtual azul
— encontro o Walter —
prosa sobre prosa sobre prosa —
(a noite estava de ventania
e varada de cio de cães)

disse-lhe de minha saudade,
(a minha garota havia me deixado,
eu estava sofrendo como um condenado)
de minhas companheiras atuais
(as citadas acima — all things must pass)
então, o poeta alertou-me
(não discutindo a beleza
de tais companhias, mas no risco
de ser nublado pelo desconhecido)
sobre o imenso perigo de casos amorosos
como estes:
um conhecido, de nome B.,
no meio de uma madrugada de abril
(de algum ano que cautelosamente
foi guardado no corpo oco de algum falcão maltês)
de audições ininterruptas
do espantalho
(não se sabe se estava de saída
ou se apreciava alguma pintura monocromática
japonesa em papel de arroz)
abraçou três vinis e os levou à
garagem. após picotá-los, com a serra
elétrica, em pequenas placas
retangulares, levou-os de volta ao quarto
(os vizinhos nada ouviram — ou, simples,
omitiram a verdade)
colocou-os num prato de plástico
pintado com as flores da estação
(provavelmente comprado em alguma
loja de R$ 1,00 do centro de São Paulo
e revendido em BH), onde,
ao lado, após rasgar

as respectivas capas (escolheu as menos
coloridas), temperou-as com Carbonell e sal
(comprara o azeite há alguns dias
para pôr no salmão grelhado que preparara
para uma amiga tailandesa que
colecionava assinaturas de
homens que roubavam violinos)
e passou o dia e a noite seguinte
(haveria um jogo do Atlético Mineiro
naquela data, mas ele o ignorou por completo)
a mascar vinil e papelão, até que sua boca
se tornasse sangue em pasta e carne rasgada
(havia alguns dias que acabara de ler
*Fear and Loathing in Las Vegas — A Savage
Journey to the Heart of American Dream*),
para então, após desinfetá-la
com um tubo inteiro de Polo Sport
(que estava quase intacto, pois
usava-o apenas quando estava tenso ou pretenso)
arrancar os dentes
um a um (não perdoando sequer
a prótese fixa parafusada que lhe
deu um trabalho de Hércules)
com um alicate de cabo laranja transparente.
após tal feito (que privou-o de comida
por muito tempo e que levou-o a
uma magreza mórbida), ele pegou
uma carona (dizem que de um furgão
branco), bem agasalhado (até não poder
mexer sequer um dedo da mão) e
partiu para uma cidade do interior
da Bolívia (onde, dizem, havia uma

fábrica de preservativos fluorescentes
onde ele trabalharia depois de recuperar-se)
e nunca mais foi visto pela cidade (dizem
que, depois de anos de trabalho na tal
empresa, saiu de viagem pela América Latina,
em companhia de um circo, apresentando
seu show, onde comia marimbondos vivos
com lascas de madeira em brasa).
Gam completou assim o aviso. e
voltamos a falar de coisas inocentes
(enquanto a tempestade
ainda tocava as quinas da cidade)
como contos realistas, comida mineira e raves.
dali a pouco, despedimo-nos.
antes de dormir, pensei nela,
foi um alívio ler o que ela
escreveu — "muita saudade, amor" —
deu um sabor novo à vida —
lembrei que *saber* e *sabor* têm,
em latim, a mesma etimologia,
e isto, *per si*, já é poesia.

VERSOS DE CIRCUNSTÂNCIA

este domingo de páscoa
com arco-íris
ouvindo folk
a tarde inteira
conspirando
mantendo a ternura e
a revolução
(com meus queridos
amigos)
entre traduções de poemas
espanhóis
franceses
ingleses
pensava nelas
na coisa bonita que
elas
são

A NÓIA DE AQUILES

[CENSURADO PELO
PRÓPRIO AUTOR
QUE, SEM O EMPLASTO
B.C., AINDA SOFRE DE
MELANCÓLICA HUMANIDADE,
E TEMENDO O CRÍTICO,
QUE PODERIA ACUSAR-LHE DE
RAQUITISMO VERBAL
OU AINDA DE
HELENISMO CHULÉ
OU (SEM PAPAS NA LÍNGUA)
MERA EPIGONIA MOLENGA
DO SAUDOSO NETUNO CONCRETO,
PREFERIU ABRIR MÃO
E TOMAR CHÁ DE MORANGO
LENDO UM ENSAIO SOBRE VENEZA
NO SÁBADO MAIS CHUVOSO
DESDE A BATALHA DE TRÓIA]

OBITUÁRIO LITERÁRIO
COM FIGURAS DE GATOS E RATOS

os ratos roeram a vida dos poetas
— livres do peso das letras, os estetas

em outras esferas escreverão, pois,
no cavo, vácuo profundo, sem voz, à foice

(esta persiana a zerar o ar dos distraídos),
não mais poemas, já que lidos os labirintos,

nada mais resta, nada, nem a quem se
amar ou refutar, não esfria, nem aquece,

a luta com palavras já não faz parte de
paixões ou razões puras, nenhum alarde,

nada de metáforas, nenhuma metonímia
— a menina de lá não dá mesmo a mínima.

os ratos, rudes e arrogantes orates,
gorjeiam na goela os corpos dos vates

e, ainda assim, nas estantes, talhados,
ficam os poemas — como nos telhados

gatos de gostos e colmilhos afiados, à leitura
nasal do rastro dos ratos, vigiam venturas.

de um pulo a outro salto, uma gangue
de gatos retalha a noite com sangue

de restos de ratos que das tripas, as tropas
de versos, vazam as mais soberbas sopas.

LEITURA

da platéia, um silêncio incondicional
à leitura magnífica do poema.

sem tê-lo em mãos, roubo-lhe, com os olhos,
em outras mãos na cadeira à frente.

cada palavra, como um gato manso
que rodeia e amacia o próprio sono,

fluía a intensificar o pensamento.
quando então um vocábulo se quebra:

— sou- ...
(souvenir? souvent? soutien-gorge?) —

e o poema, então só lisonjas, acabou-se para mim.
porém, sensual e divinamente, à frente de

meus olhos, surgia um outro poema: os ombros
daquela que mantinha o poema em mãos.

desta vez, não havia música como queria Verlaine,
mas silêncio e temperatura, onde o contorno, um balé

crayon, como num desenho perfeito, comia o cosmo.
as pintas (duas? sete? quem sabe dezenove?):

pequenas ilhas de desordem no oceano da razão.
quando a leitura findou-se e o desespero dos

sentidos foi sufocado pelos aplausos,
um incêndio na carne acordou todos os arrepios,

e, passado este outro poema, acordado de um sonho
que sonhara dentro de outro (*there must have*

been magic), pensava na nobreza da vida
e de que maneira o outono criava tais anjos.

SETE ASSALTOS

1. Lápis leve
(de uma prosa com Carlito em Goyaz Velho)

"tem umas pessoas
que parecem um absurdo"

2. Pode ser ou está de Chico Alvim?
(depois de uma hora e meia no ponto de ônibus)

— Vida desgraçada do caralho! Coisa mais lazarenta!!

3. Reencontro
(de um e-mail coletivo de Leonel)

Mas será o Benedito!
Não, apenas o Calixto...

4. O sobrevivente
(uma possível conversa com Corsaletti)

o mundo é dos peixes que cantam
das aves entre montanhas nevadas
dos homens magros

5. Poética
(de uma conversa com Zular)

Alguém precisa
avisar àquele poeta
que a Santa Cecília não é Itabira

6. Por que você faz poesia?
(de uma entrevista de Joaquim com canção de Adriana)

para chatear os imbecis
para não ser aplaudido
para viver à beira do abismo
para correr o risco
para que conhecidos e desconhecidos se deliciem
porque ouvi *The long and winding road*
para insultar os arrogantes e poderosos quando ficam
    [como cachorros dentro d'água no escuro do poema
porque de outro jeito a vida não vale a pena

7. Canto
(de uma colagem no banheiro do Espaço Satyros, SP)

Faça uma pausa

Encante-se!

Caixa de saída

E-MAIL PARA OSWALD DE ANDRADE

o céu é uma ágata
azul
e eu prezo
vi o que vi
disparo
       disparo
o Viaduto do Chá
é uma cadela comendo
lixo

E-MAIL PARA PAUL MCCARTNEY

— ela alimenta os bem-te-vis
é fascinada pela idéia de que
o pólen, que escapa das flores, fecunda
os óvulos de outras flores, e destes,
outras flores, mais pólenes, e outras mais
outras flores e outras —
uma primavera —
ela é o silêncio de qualquer madrugada
onde se acende um incenso —
ela é sempre — o máximo
é o mínimo dessa garota —

(a casa de abelhas longe/ as flores dos favos/
dezessete anos, para ser mais preciso/ o sonho/
o rosto aberto a sorrisos/ a tarde tecida na rede/
lâminas de ouro rubro/ júbilo e brisa fresca/
um delicado buquê canoro a jurar jades a Jude)

as canções
de que são feitas?
da mesma erupção de
azuis de que são feitos
os oceanos? ou
do mesmo tecido que
veste vôos de borboletas? seriam,
ainda, feitas de dias

a comer pães e queijos com quem
escolheste para, dia após dia,
comer pães e queijos?
da coleção de fuzilamentos
de mulheres
como Anna Akhmátova?

(não há (nem precisa de)

uma canção pode ser algo como o vôo
de uma gaivota sobre uma rocha marítima
ou como a alma de alguém que olha o fim de tarde
numa cidade destruída
pela guerra

E-MAIL PARA MARCELO MONTENEGRO
(SUBJECT: ANOTAÇÕES PARA
UM FILME DOS ANOS 30)

Overture:
(trilha sonora: silêncio)
desdobrar de planos, fora de foco, imagem sobre
imagem sobre imagem
vassoura detetives luvas de pelica
becos sujos água intensa deserto no rosto oásis
terror amor humor: nenhuma ventura ou princípio
(*Well I stand up next to a mountain*
I chop it down with the edge of my hand)
o bico do abutre estraçalha os sonhos do homem
o bote da naja porta um orfanato portátil
envenena a deliciosa ceia do caos;
a explosão beatífica de um par de havaianas:
Wild side – Dark Side of the Moon – Paradiso –
Bedrock – Crystal Lake – Elm street – Neverland –
Saturday night – Pepperland – Beggars Banquet –
Highway'61 – Big pink – Electric Ladyland –
Morrison hotel – Green river – 4-way street –
Baurets – Fun house – Pasárgada – Purgatorio –
Houses of the Holy – Olimpo – Oz – Dogville –
Éden – Asgard – House of rising sun – Mars –
Ilha da Fantasia – Transilvânia – Lilliput – Sertão –
Wonderland – Inferno – Whitezone – Taverna –
Mont Parnasse – Salisbury – Michê no Alaska –
Recife ou São Paulo ou Rio – Smallville – Townsville –

Yoknapatawpha – Room of fire – Nutopia –
peliculadosonhodapropriapeliculadosonhosonhando –
outras (elas) esferas; from genesis to revelations;

Harpa:
Jimi silencioso
como la salamandra de amianto iridiscente
cactos perto do copo de cognac
lassidão bestial
dedilhando o braço de Hermes
Hendrix come um flamboyant
abre um aspargo
— os pequenos deuses do beco tomam-lhe a bênção —
do recesso de sua agonia nasce a derradeira diva
acesa
tem sede de nuvem
saltam de seus olhos dois peixes do dilúvio

E-MAIL PARA TORQUATO NETO

do lado de dentro do vento
       um tijolo no olho do furacão
anjo fáustico declamando ácido sulfúrico
       colhe um vocábulo em cada lábio
alivia a lira com a saliva da dríade
       não revela ressalvas ao poema
escancara o riso da partida
       sabendo que o fim não tem fim
deseja a linda Ítaca na língua da morena
       recita a ira ácida deciana (geléia geral!)
para incitar o demônio dentro da vulva da devota
       toma partido do caminho do passeio
lava a palavra *lírio* com o sangue do tiroteio

E-MAIL PARA DIEGO VINHAS

1.
a cidade vizinha entra funesta
pela janela do apartamento
derrama vermelho em tudo
no mês de abril, na saudade,
no noticiário, na lua — que
ilumina, após seu suicídio,
essas praias de ossos, esse
torpor de peste que veste
a civilização.

2.
a esmo, como a curva de
uma sombra, leio versos de
The man with the blue guitar
— o mais belo poema que li
em minha vida — e completo
com cada pedra, com cada perda
70 anos orando pelo Sublime
apesar do erro da Criação;
e tomo outra xícara de chá
de morango.

3.
depois de tantas duplicatas
levadas a protesto

calo o meu verso e o meu
viver — *dance with the dead*
in my dreams
listen to their hollowed screams
the dead
have taken my soul
temptation's
lost all control.

E-MAIL PARA ADRIANA CALCANHOTTO

o encanto de quem canta
é o canto que canta na garganta
— algo assim escreveu Goethe
(só que o grande gênio alemão
usou, pelo que li, em vez de *encanto*,
prêmio (com sentido de *pagamento*),
no que achei mais delicado
e canoro, usar o substantivo masculino
mais feminino da língua.
até porque *encantar*, no que
canta o meu pequeno dicionário, pode
ser *transformar (pessoa) em outro*
ser e quando alguém canta
parece mesmo mudar o rumo
de sua existência, enchendo-se
de um entusiasmo, como se
possuído por deuses — como
disse, em silêncio, Domeneck
o que um amigo lhe dissera
um dia —, incha-se de alegria
por talvez saber-se portador
de um poderoso antídoto
contra a melancólica existência
— *cantando eu mando a tristeza embora.*
e, como *não se crê no que não canta*,
tentei fazer com que este poema

cantasse, mas que não fosse
óbvio seu canto (visto que visto-
lhe com uma prosa cheia de janelas),
mas sim um tema extraordinário
a blackbird singing in the dead of night
e, quieta e sangüínea, ao lado,
uma violeta

E-MAIL PARA RICARDO DOMENECK

– se – eu – fosse – dizer – algo – eu – diria – logo – como
– alguém – que – quer – comer – algo – e – come – logo
– algo – que – quer – comer – uma – palavra – é – so-
mente – uma – palavra – aquilo – que – o – seu – uso –
palavra – quer – que – ela – seja – palavra – mas – , – se
– por – algum – momento – pensarmos – palavra – na –
distinção – entre – o – que – quer – que – possamos – di-
zer – palavra – e – o – que – dissermos – , – poderemos –
ponderar – algumas – palavras – questões – *leurs*
coeurs n'avaient pas de saisons
et ne voulaient pas de prison –
do – tipo – : – se – impressa – ou – cursiva – sabendo –
que – aqui – as – formas – gráficas – são – devoradas –
pelo – aparelho – fonador – as – réguas – dançam – suas
– medidas – de – forma – bêbada – e – longe – da – ra-
zão – até – porque – a – razão – per – mutou – se – em –
metástase – confusa – uma – flor – no – segundo – seguin-
te – u – flor – e – restitui – a – morte – , – a – morte – , –
sempre – a – morte – , – em – e – agora – ? – profundo –
diálogo – com – todos – mas –, – outra – coisa –, – con-
fundir – o – que – quer – dizer – uma – mulher – bonita
– ? – nada – ela – É – uma – mulher – bonita – confundir
– é – o – verbo – da – palavra – olhar – *nobody's*
putting conclusions
around
my

life – enquanto – isso – , – os – incomodados – que – se –
incomodem – e – pronto – não – , – isso – não – mudará –
a – situação – do – circo – em – chamas – , – virando – pa-
lavra – rescaldo – arrumação – chove – pra – caralho – a –
janela – chora – como – pop napalm – um – aviso – palm-
top – eu – natureza – mãe – palavra – sozinho – um – idílio
– e – os – arranjos – florais – hortênsias – margaridas –
amarílis – flautas-azuis – violetas – orquídeas – dálias –
magnólias – miosótis – sempre-vivas – na – garganta –

E-MAIL PARA CARLITO AZEVEDO

rapaz, mas está tudo tão sério
tudo tão carteira da frente
sem sol, sem Rio, sem gente

essa falta de imaginação, que mistério!
tudo carece dessa leveza bonita
que em nossas leves veredas levita

(os passos da deusa sempre acesa,
uma garota sempre de Ipanema,
sempre sol, sorvete, praia, cinema)

são tantos tontos em ponto de tristeza
por um lugar na mídia — toscos teachers
versão brasileira Herbert Richers

e são tantos tiques — todos: traça —
é tanto poeta pedante (eu só podia —
que mania! — estar falando de poesia)

é... o Brasil está perdendo a graça...
mas alguém de longe grita: — alea jacta est,
Coca-cola is the best!

Sangüínea

Tão vivo
quanto
um sol
a pino
      Régis Bonvicino

UM DESENHO

cada toque, cada pouso, muralha
delicada de nanquim — não trancá-la
na pérola da paisagem desnuda,
mas, conduzi-la, lunar, à tensão

do espaço. enquadrá-la não, mas deitar,
sobre seu corpo nascente, colunas
que, calculadas coreografias
de gestos, remuneram-se a si —

assim, ao pássaro do movimento
permitem-se vôos contidos, tanto
que, iludindo o espelho, todo corpo
dança no ar como solto no recesso

do papel. a passagem dos minutos,
em que o corpo vaza definitivo
à lanterna do contato, nenhuma
raia da caligrafia retoma

seu sentido claro. luzes nas coxas
engendram a raiz — o referente
(pedra transcendental de cada traço)
anula-se por todo o instante.

dentro, percepção singular, um quase
lapso, concepção interior: súmula
de si. sua erupção repara, elide
oceanos, como a pele aos tecidos.

o desenho encanta por não haver
um fim em que se possa acorrentar
sentido ou razão. nudez porque pálpebras
incendiadas por algum crepúsculo.

ELEFANTE DE SÂNDALO

A tua volta tudo canta.
Tudo desconhece.
Francisco Alvim

a madeira, não o apoio: o corpo.
matéria de perfume mais que de árvore,
edificando, entretanto, a sombra, ou
melhor, sua carpintaria de treva.

se os passos, entorpecidos pelo cinzel,
aglutinam-se, como dois sentidos, ou,
ainda, dois oxímoros, num mesmo sol-
vocábulo, poderíamos dizer que

o movimento do elefante de sândalo
é um neologismo para os sentidos, ou,
ainda, que é um vôo de chumbo,
destes que se alastram nas insônias.

insinuando-se no anti-sono, ele
próprio, o elefante, desdiz. seu
escopo é uma morte consentida,
um desligar-se do meramente

humano para, partindo da própria
raiz, escalar os patamares da beleza
— maior seu gesto de amor, sua
subida aos céus (isto é uma imagem).

sobre o palanquim, as fissuras,
rasurando a imaginação e talhando
cores, a simetria é a mágica no
cerne do poema, ou, aquilo que

o marimbondo deixa no pouso.
as rendas no cheiro do sândalo
não dizem do elefante mais do
que ele é em si. como no poema,

quem canta nem sempre é a sílaba
que desloca os rumos do espírito,
mas o mistério que mora em coisas
como uma violeta. ou na travessia

da imagem de uma coisa como uma
violeta pelas retinas. ou um poema.

SARAH KANE'S PAINT

> *Fuck you. Fuck you. Fuck you for rejecting
> me by never being there, fuck you for
> making me feel shit about myself, fuck you
> for bleeding the fucking love and life out of
> me, fuck my father for fucking up my life for
> good and fuck my mother for not leaving
> him, but most of all, fuck you God for
> making me love a person who does not exist,
> FUCK YOU FUCK YOU FUCK YOU.*

– olhos de inverno – Sarah, olhos baixos – partir – ciao, baby – fazia um frio gigantesco – a cold cold night – nenhum estouro – um desastre da distração – no banheiro – o fim de uma pétala – a imaginação sob o influxo das circunstâncias de olhar pela janela do apartamento às 6 da tarde de um sábado – de sangue e pus – querendo se convencer de que tudo está bem – porém, a única coisa que se quer é um Hershey's e um beijo – falta – a vida a violentou até o fim – e seu buquê era violento – acordar no meio na morte, e desculpar-se pela ausência – muito sangue, muito – e nenhum – ciao, baby – zopiclone no apocalipse – sem efeito – seu rosto tem uma palidez rústica, e sua despedida – você não foi embora de avião – disse o contrário e deitou-se – ajeitou o cadarço até fazer silêncio – o que acontece quando um rouxinol nos acorda de um amor morto? – ainda hoje – sete lagos – versos de ninguém – sete léguas – sete – sete lagos – e a lua branca – ciao, baby – seus lábios com o contrapeso da ausência da palavra *ciranda* – as pulsações com toda a pele de drogas e desamor – 20 de fevereiro de 1999 –

doesn't make sense otherwise – doesn't make sense any-
way – o violão acorrentou em seus seis abalos sísmicos
a cisma de uma flor sangüínea – ciao, baby – see you later
– em algum lugar em que eu nunca estive – alegremente
– sempre – nunca – estarei –

SONETO

para Dirceu Villa

verde que intacto se
despedaça na devoção
a uma árvore
sina qual do sol: soletrar-se
singular a tudo
flores
mínimas autodidatas levitam
sua moldura ao
silêncio que o vento
furta

o jardim (onde insetos
torcem o entardecer)
esplende paisagens
umas
flautas lidas
por sabiás
outras
com insônia de cigarras
abrindo azuis
(um livro? uma labareda?)

uma borboleta (meditação
geométrica)
estilha o
que resta do inverno e

de tantas
vésperas abrupta
faz o jardim dormir

depois desata-se
com sua seda
do tecido
e cede
assento à
estação
sedenta de deuses
na penumbra
edênico sem pêsames
o conjunto imóvel
respira

MICK E A CÍTARA

a cítara inventa
meses de abril na língua
flutua
o idioma vermelho de Mick

rediz, a cítara
Mick caminha,
fala

— pausa —

a cítara é uma crise
sorvendo o sangue, sumindo-o

uma oração, uma cicatriz

árvores rezando
sem fé pétalas
que conhecem o segredo
da manhã pura
descansam na melancolia

— conversa de universos

cítara flutuando
entre ágata e pântano

Mick: — *ela é um arco-íris*

— pausa (outra) —

a cítara ácida
incha veias, comove cores, germina

um arco-íris,
ela,

a cítara — rascunho de delírio —
derrama orvalho
nas costas largas das estrelas
menina dos olhos
lilacs

POEMA N. 36

para Josely Vianna Baptista & Francisco Faria

a musa come bananas
é preciso muita coragem para falar
apenas o português

a brisa passa, as luzes
cada vez mais baixas
(sol propondo
habilidade e raciocínio)

que trabalho têm as estrelas
em noites como esta — toda
iluminada por luzes grafite?

ADRIANA VAREJÃO VESTE FLORES

— (ela) (Adriana Varejão) (a criad(o)ra das
azulejarias em carne-viva) (ela)
(cujo Barr(o)c(o) é elétric(o)) (quer dizer)
(nã(o) é um Barr(o)c(o) (lh) qualquer) (quer)
(dizer) (em carne-viva) (nac(o)s)
(pingand(o) sangue) (Barr(o)c(o) de
gente grande) (* * * * * * * * * * * *
* * * * * * * * * * * * * * * * * *) (nã(o) um
Barr(o)c(o) * * * * * * * * *) (balbuci(o), diria
J.C.) (com(o) (o) que se c(o)stuma
fazer na partilha literária atual) (acúmul(o)
ridícul(o) de rãs de vidr(o), verdumes e
tapetes persas) — (r(o)tten pearls we l(o)ve y(o)u!) —
(ela) (vestida de fl(o)res) (e terra)
(ela) (Adriana Varejão) (quer) (e
tem, p(o)is) (a carne c(o)m(o)
mim(o) estétic(o) — (o) sangue, (o)bjet(o)
vermelh(o) (* *) (azulejarias sangüíneas)
(sangrentas) (c(o)m(o) (ver)(te)(brad(o)s)(cadáveres)
(o)nde alguém dem(o)ra) (os) (o)lh(o)s
vidrad(o)s em uma aut(ó)psia) —

SANGÜÍNEA

para Ramón Alejandro

a coifa de alvenaria
faz falar a fumaça
as bocas, as mãos, a memória;
após a sangria
da montanha
ainda somos
os mesmos

(lábios carnívoros, anômala
anêmona entre as nômades
frutas de trevas e sangue, os
vasos inflados da flâmula,
do asco; uma estrela estuprada
por agulhas — oníricas, eróticas —
talvez um pássaro
endeusado em pierre noir?)

Ramón Alejandro:
        o passado é uma vergonha
        o presente, um doloroso desastre
entre Cuba (*obra de orixás ourives*)
e o Brasil (de remorsos de orixás),
a selvageria que não
se dissolve, o embaraço,
a mesma multíplice má-fé
mimando o vago, outro
— i. é, o mesmo

(ao voltar à estrutura
do desenho, sente-se
que, comunicando, torna-se
quase íntima, celular,
insuportável, sangüínea,
a vertigem

MARIA ANGELA BISCAIA, AS MÃOS

suaves como papel
umedecido
por flocos de neve

Teoria da linguagem

O nosso amor foi chegando de mansinho
Se espalhou devagarinho
Foi ficando até ficar
Aconteceu sem que o mundo agradecesse
Sem que rosas florescessem
Sem um canto de louvor
Aconteceu sem que houvesse nenhum drama
Só o tempo fez a cama
Como em todo grande amor

Péricles Cavalcanti

eu
ev
oc
eu
ma
só
pe
ss
oa

Augusto de Campos

POEMA N. 32

quando conheci teu umbigo
guardei-o comigo
na ponta da língua
como a que guarda outra língua
na mesma saliva
como a que guarda a fala
quando esta cala
no instante que toca
a sala de outra boca
como dedos a uma luva
como minha desnuda fuga
ao veludo da tua vulva
como essa lua linda, o brilho
como o útero guarda um filho
tudo que se escreve é uma continuação
da melodia de alguma canção
que determina à voz a palavra *rouca*
inchando toda a garganta pouca
com um oceano de ternura
quando então tudo que flutua
(um beija-flor, o sim de um sino,
um arco-íris, almíscar, teu sorriso)
fez tudo adormecer em flor
— como em todo grande amor

UM POEMA PARA ELA

sentada no sofá, lendo Greimas,
você se parece com uma garota
da Nova Inglaterra, que testa, com
a ponta do dedo indicador,
num dos vidros da janela (enquanto
os flocos de neve lá fora
parecem seguir os movimentos de seu
raciocínio), uma dificílima
questão matemática,
e ao lado desenha um coração

que nobreza você tem
quando caminha, quando escreve
um artigo e fica me fazendo mil perguntas
que nunca posso responder (você
não deve ter notado que, ao seu lado,
estou sempre com os pés num lago,
onde peixes vermelhos nadam
sobre enormes rãs e moedas
de prata são lágrimas da civilização
fixas no fundo da água; ou talvez tenha
notado, e, quando me apressa no banho,
dizendo que há de se economizar água
e energia elétrica (*um absurdo!* — você diz)
e que estamos atrasados para um encontro
com Molly & Desmond, ou para o jantar,

ou algo assim, quem sabe seja sua forma
de dizer isso

(quando passeamos de mãos dadas
pelas ruas de São Paulo, meu coração
movimenta-se como atravessasse uma
larga avenida na iminência do erro que
faria com que os carros lhe deformassem
para sempre a estúpida geometria, ou,
tal excitação e combate, como se
atravessando um cúmulo-nimbo
almejando alcançar a *la décima
esfera de los cielos concéntricos*)

seu olhar, não pode imaginar quem
não o prova

a fascinação, o silêncio
flutuantes
numa operação de rigor

DUAS PAISAGENS
(UMA SEM E OUTRA COM VOCÊ)

o gramado verde, árvore imensa
a luz do sol se deita toda aberta
tornando a sintaxe da paisagem
comunicação delicada — fugidia?
talvez a compor entretons
que se indagam (onde sombras
se guardam e depois se saciam),
como das mãos de um
improvável pintor
ponteando seus megapixels

e se você estivesse ali?

se você ali estivesse, então
a luz do sol, ao atravessar
o gramado e despreguiçar-se
sobre seu corpo
tornar-se-ia presa
fácil de sua pele (*maçã
polida no orvalho*), e
faria o desespero dos sentidos
de qualquer coisa que a observasse

maravilhoso escândalo

não mais que de repente
deslocamentos monumentais
abririam insensatas crateras
pelas calçadas,
tirariam o fôlego das flores,
destruiriam vidraças,
espremeriam o dia até sua derradeira
gota de suor e magenta
e a máquina do mundo
pararia

diante do seu
sorriso

A FALTA QUE ELA ME FAZ

amor, abri hoje o *El País*
tentando achá-la entre um artigo de Benjamin Prado
e a resenha do novo disco dos Beatles — que
encantadoramente se chama *LOVE*

ando enamorado de alguns vocábulos franceses
ou versos inteiros como:
Je ne suis pas prisonnier de ma raison

aqui, o verão vai talhando seus últimos dias
(sob o lilás desta tarde (uma Gioconda
dobrando a esquina),
a brisa leva com vagar as pistas da sua falta
até a porta da sala
vacila, volta
como desejasse soletrar
um vocábulo grego ou queimar
em minha pele
o incêndio dos seus arrepios)

ontem, na universidade, conversávamos
sobre o desvario da crítica que exige da poesia
o que ela (a crítica) não alcança
 — você sabe bem, ali, perto da lanchonete
do xerox
onde o verão costuma inflar o ar de insetos

tenho lido muita teoria literária

Tarkovski me encanta profundamente
indo além do que
foi dito
explicitamente
público e artista no mesmo processo
de percepção
só esse tipo de reciprocidade
é digno

as coisas vão indo bem
tudo dando pé

ontem comi comida chinesa e
ouvi repetidas vezes o *Chelsea girl*

descobri tarde a grandeza corrosiva da Hilda
Hilst e tenho gostado cada dia mais (e a sinto
mais próxima de meu pasmo) de Ana C.
— literaturas e bobagens, babe

não pude ainda visitar o Barroco
(nem a filhinha deles, a Roberta)

ontem falei ao telefone com Carlito
(estava calçando seu All-star verde
e ia dar uma volta à Lagoa com Marilinha)

a revista está nascendo — *no*
one listens to poetry

você já ouviu alguma vez a
Nossa canção?

(queria mesmo que você estivesse aqui —
juntinho, sem caber de imaginar
até o fim raiar)

ontem enchi o tanque do carro, mas não
houve ânimo de viajar com tantas leituras pendentes

ah, tenho evitado ouvir Tom Waits
nestas noites frias e chuvosas

ganhei um par de meias bem malucas
de dona Iracema

a América do Sul continua muito obscena

amor, isto é uma carta
deixe que achem que isto é um poema,
assim podemos dar boas risadas

beijo na boca

P.S. — quando suas cartas não chegam, o sol faz birra
[e não aparece

OW

agora, só
a queria
em meus braços
sentir em meu rosto os azuis
que habitam sua respiração
de flor
tocá-la (e sabendo
da imensa delicadeza
de sua pele, doar
seda aos dedos,
com um Van Eyck
encantamento
aos olhos)
e perceber que,
entre múltiplas probabilidades de
linguagem, você estava
toda arrepios
como num levante
no qual seu corpo
reivindicasse todas
as possibilidades de
movimentação de
minhas mãos
e agora
(delicadeza à temperatura
de sol às quatro da tarde)

seu riso junta-se à
doce indisciplina
e tudo muda
no seu rosto
no seu corpo
e no sistema solar

COM ELA

ela deitada
           (arranjo: lia na ponta dos dedos como quem
           — às trevas — lê
           o lado esquerdo dos anjos)
linda, vestida só de sol

frágil de tão perto
indo além de todos os labirintos

meu júbilo
:
ela
deitada, vestida só de sol

tranqüila
como a água
tranqüila
nas areias de camurça

palavra dentro da palavra
incapaz de contemplá-la
em sua semântica (seda
e miosótis)

agora,
excitada, a cidade-pedra arde — pára —
a vila saliva, sua, usa a pimenta
           o sopro cálido
           hálito

dos nossos
corpos

*lábios*lábios
          úmidos
— e todo o
corpo intumesce no dilúvio do outro
corpo

mamilos
(sol, sol)
mornos

— hoje seda-nos o desejo —

seu belo rosto
pupilas-avelã
do reino da
beleza — toques
(*derme*&dermeaderem-se)
adoram-se
corpo*corpo*
c*c*oorr*p*p*oo*

aceso, o caminho
abalisa a sílaba
sugere a senda
that leads me to your delicate Elizabethan hell
hoje em minha língua o mais delicioso céu

o duplo polpudo róseo
entre tuas pernas
(róseo-aliás-vermelho,
vermelho-aliás-lilás,

lilás-aliás-crepúsculo
ou delicadeza)
como uma manhã
inchada de orvalho
sedada
em chamas
inchada
úmida charada
Ilíada a ser
desvendada
ou
(Penélope em pêlo e pólen-epifania)
penetrada

(ela é o retiro que prefiro
suspiro quando a miro
me firo, respiro, giro,
piro, piro, piro)

vestida só dela, agora
guardando em seu corpo
a contradança da minha
malícia
deitada, quieta, bela, ela baila,
delícia da língua que eu declino
linda, linda, linda
(em ininterrupto dancing days)
tão perto, como o coração
de uma flor (um odor de
pinheiro se mescla
com folhas de rosa)
a si mesma

JULIANA

com teu nome
assim poderei
adormecer
os poemas

O IDIOMA VERMELHO DE FABIANO CALIXTO

Marcos Siscar

Para aquilo que palpita, *Sangüínea* atribui cores, uma coloração algo expressionista, com seus azuis, amarelos e, naturalmente, vermelhos. Dar cor, nesse sentido, é também atribuir peso, gravidade, trazendo a poesia a um determinado lugar, neste caso, o lugar de seu presente.

A retórica das dedicatórias confirma isso, uma vez que constituem, ao mesmo tempo, um desejo e uma estratégia de comprometimento com o contemporâneo. A referência a outros poetas de sua geração (oferendas, citações, alusões textuais diversas), que já estava em *Música possível* (2006), torna-se uma marca ainda mais forte neste livro. Com os fios da amizade poética, explicitando laços e afinidades, *Sangüínea* vai tecendo um espaço comum, um ar de família, na tentativa de estabelecer comunidade: de designar aquilo que, no presente, é um espaço habitável para a poesia, distante de seus vícios habituais — "é tanto poeta pedante (eu só podia —/ que mania! — estar falando de poesia)". As referências a artistas de outras gerações ou épocas (notadamente, grandes poetas europeus, americanos, brasileiros) não contrariam este gesto; ao contrário, apenas o completam, dando à prática poética a densidade da tradição. Tais procedimentos (que não excluem as referências afetivas da esfera privada) constituem um empenho poético, nada negligenciável, em *ter lugar*.

Para dar perspectiva a esse gesto, os poemas não se esquivam de uma identificação entre estética e política (como no título "Musikka (Scritti politti)"), colocando em contato antigas palavras de ordem ("mantendo a ternura e/ a revolução", na evocação a Che Guevara) e uma situação de tristeza quase "infinita" que, paradoxalmente, deixa ao poeta pouco espaço para qualquer tipo de manobra.

Não há como ignorar que a variedade formal do livro, compreensível tradicionalmente pelo prisma da "experimentação", também assinala, indiretamente, uma aproximação tateante da poesia em relação à matéria de seu presente. Do poema fragmentado pela pontuação excessiva ("barroca") até a sintaxe mais solta, mais prosaica (perseguindo o ritmo natural da frase longa); do corte quase aleatório do verso até as seqüências compassadas pelo eneassílabo; da brevidade epigramática à longa meditação ou ao soneto despedaçado ("Soneto"), a experiência da forma não é substancialmente diferente da diversidade da matéria do poeta: cenas, paisagens, pessoas, objetos pessoais, reflexões, reações emotivas, pequenas narrativas, cartas.

Em nenhum momento, entretanto, essa variedade significa para Calixto uma abdicação da forma. Articulando esse universo multifacetado em uma espécie de respiração, um idioma característico se impõe, acolhendo de modo atento tudo aquilo que possa tomar lugar, como a vida, "entre o prefácio e o colofão". A respiração excede a regularidade das medidas, dos cortes do verso, da extensão média do poema. Procura outra harmonia. Localiza-se, eu diria, a despeito de um domínio erudito da fragmentação (sobretudo pela via da pontuação), numa escala mais ampla, numa experiência do fluxo, da "canção", da "cantilena", na "sangria" como gênero do poema. O próprio "vômito" é metáfora deste circuito, no qual uma sensibilidade à flor da pele deixa escorrer por sobre o corpo a noite na cidade, a chuva, o desfile de seu terrível ciclo de violências. Há algo de excessivo, num primeiro momento, como em um sangramento, em suma. Mas esse excesso logo ganha ritmo e figura. Não é um puro jorro, mas um ritmo baseado nos acidentes do corte. Por isso, o sangramento, presente nos livros anteriores do autor (juntamente com a coagulação), aqui se articula, atribui sentido, toma forma. Sangrar é uma experiência da forma.

Se Drummond localizava sua interrogação nas pernas que passavam do lado de fora do bonde, aqui o poeta entra no ônibus e se reconhece como parte, ou como momento, do fluxo das coisas: mistura de uma beleza autodestrutiva (as trevas em plena manhã, a vertigem diante do lixo) com o erotismo inerente à participação na matéria viva e pululante ("deliciosas coxas grossas/ de colegial cavala"). Outro modo de dizer que o caos (*flashes* de conversas, saltos associativos, relações deterioradas, angústias) deixa de ser apenas o objeto do olhar analítico de um sujeito, para ser também um campo de investimento, uma instância do desejo.

Calixto delimita este espaço do desejo. A cantilena dos acontecimentos políticos e sociais, cujo topônimo alegórico é "Brasília", tem manifestação e lugar privilegiado nas margens feias da metrópole, "nas sobras da cidade (da noite)", cuidadosamente nomeadas. A paisagem essencialmente urbana da poesia de Calixto ganha o nome de "Santo André". A designação do *locus* não é apenas extensão da biografia do poeta, mas efeito da retórica de *Sangüínea*, que atribui importância às localidades, aos topônimos, às ruas por onde anda. Se, na relação com seu lugar, há algo da energia que não evita o panfletário ("a pátria pária patina na escória") de um "basta à bosta", é dentro do corpo que o poeta sente com mais força a repercussão da violência: "formigas de chumbo/ a escavar as vísceras, pântano no estômago." O pântano está dentro do corpo, ali onde a palavra diz "eu", e isso ainda "não é o bastante".

Em uma atmosfera ao mesmo tempo áspera e melancólica (Bob Dylan, Chico Buarque, Tom Waits), os roucos fluxos da vida (da irônica, porém amada "vida linda") passam a ser tratados à base de veneno ("agora só te darei veneno/ on the rocks"). Do ponto de vista cromático, isso corresponde a uma passagem do azul ("erupção de/ azuis de que são feitos/ os oceanos") ao turquesa sangüíneo, da doce tristeza para a beleza contundente, ensangüentada, não sem antes denunciar a ilusão de pureza (o "azul com câncer"). O real ganha aqui a cor de um vermelho agudo, em suas várias tonalidades. É o "idioma vermelho" de Calixto: enrubescido, vermelho-de-açafrão, "rubro,/ sangue-de-drago, noite sangüínea,/ rubi", "pargo-vermelho; carmesim; rins;/ rasura de amoras; sangue" ("Guaifenesina Dextrometorfano"), lilás, cabernet.

O sangüíneo não é simplesmente um grito de dor, com fundo negro. O sangüíneo opõe-se à indiferença das coisas e, igualmente, à beleza do que não existe. Preparado pelo inocente "chá de morango", "lava a palavra *lírio* com o sangue do tiroteio". Dito de outro modo, prefere o frescor daquilo que escorre, ali em frente: sangue e pus. Sem romper de vez com a vacância da flor ausente — uma vez que não é menos arisca —, a "flor sangüínea" localiza seu campo no espectro tonal que vai do sanguinário até a delicadeza insustentável. Sangüínea é a "vertigem".

Se não exclui a elaboração do sentido da violência sanguinária, o essencial deste livro parece estar na tentativa de colocar as condições de existência de uma, assim nomeada, "delicadeza". Aquilo que o acaso, jamais abolido, recusou cabe à poesia (sangüínea) manter, nutrir, cultivar afirmativamente, na dificuldade e na alacridade da circunstância ("assim passam-se os dias/ que todos os dias decidem/ dar a tudo aquilo que os deuses/ deram as costas/ — por istos e desistos/ implícitos —/ um tanto de delicadeza/ e outro de incentivo// caso o acaso os recuse/ que a vida os mantenha/ vivos"). A função do poema é dizer o que não quis ser dito, o que foi recusado, mantê-lo dentro da ordem do possível, de certo modo arrancá-lo da anulação violenta.

O que a poesia mantém viva é a possibilidade e a vontade (de delicadeza, por exemplo). Se uma das formas da delicadeza é a do eufemismo (Rimbaud: "*Par délicatesse/ J'ai perdu ma vie*") que obstrui a "vida", a forma que Calixto lhe dá é a da beleza conquistada pela decisão de manter-se e mostrar-se afirmativo ou, antes, acolhedor, dizendo "sim" à vida, renegociando com o acaso cada um dos capítulos de suas negativas. Naturalmente, o poeta não vê a decisão como resultante de uma esperança ("o veneno da esperança") ou de uma militância ingênua. Ele sabe que a delicadeza é difícil ou, mais propriamente, oximórica: uma "delicadeza azeda". A delicadeza não é exatamente a beleza (re)encontrada, produzida na linguagem ou desentranhada da "realidade".

Não é apenas a *experiência* da beleza, mas a *condição* da experiência dentro da circunstância, qualquer que seja, do mesmo modo que a luz é condição para que as cores e as formas do presente se acendam. A delicadeza é o lugar do "trovão", daquilo que incendeia e ilumina toda experiência sensória, política, reflexiva. A poesia busca manter viva essa possibilidade, que se confunde com a possibilidade (ou a sobrevivência) da própria perspectiva poética.

Se o pulmão do poeta é "escavado" na busca do "delicadíssimo vocábulo", seu símile na ordem do caos é a figura da mulher amada, de uma fineza que nasce milagrosamente em pleno campo de brutalidades. A flor da delicadeza, associada por Calixto à beatitude dantesca, não é destacada ou elevada na verticalidade, mas tem uma singularidade difícil, frágil, exposta. A admiração por seu "rigor" e leveza não se separa do temor de sua dissolução no erro ou na dissimetria ruidosa das avenidas, uma vez que o poeta mantém os pés molhados, ou afundados, nas "lágrimas da civilização" (no belo "Um poema para ela"). Diante dessa delicadeza sangüínea, de uma ternura quase sem defesa, temos a impressão de que por um momento o corrosivo se detém, se retém, se suspende. A flor sangüínea, para quem a identidade não bastava, torna-se tão próxima a si mesma como "o coração/ de uma flor". O nome ("Juliana"), na tradição de Beatriz, serve como um mantra para a capacidade não exatamente de adormecer a ferocidade, mas de produzir os incêndios azuis que florescem na superfície sangrenta do real.

Esse florescimento da poesia não se identifica com a exposição biográfica, nem com o manuseio culto do dicionário ("Takka Takka"). Naturalmente, a vida pulula, a vida localizada "escorre/ viscosa" nos poemas de Calixto, como não podia deixar de ser. O poeta encena a vida, sem "fazer cena". Isso não exclui as aventuras do significante, o jogo das paronomásias, das etimologias, por vezes tratadas ironicamente, ou ludicamente (como no "Obituário literário com figuras de gatos e ratos"). Mas a flor sangüínea nasce de um outro lugar, que não se reduz à extensão mensurável *a priori* dos fatos ou das palavras. A flor só pode nascer da revelação das trevas que subsistem nas "lacunas ornamentais", na retórica (poética, histórica) eufemizante com que a vida pretende ocultar seu profundo desalento: "observo pequenas trevas/ que ainda sobram nas lacunas/ ornamentais e fixo/ o desalento". Dessas pequenas trevas, é possível que nasça uma flor sangüínea.

O poeta está à espreita de uma abertura, dos deslumbramentos da circunstância, da possibilidade do acontecimento. Das trevas, faz-se algo como a luz. No refluxo (vômito) contínuo da vida o poeta quer flagrar o acontecimento, mesmo que o detectando na fisionomia do fracasso, levando a sério a lição da poesia da modernidade. Por isso, até o poema "que não deveria ser aproveitado" ("Pedaços do esqueleto") ou o poema rasurado por "temor" do crítico passam a ser objeto de atenção como lugar paradigmático da experiência poética. Estruturalmente, a apresentação do poema rasurado corresponde ao "sorriso lindo (lançado) para o mundo" decrépito: são manifestações da retórica da crise pela qual se comunica a beleza moderna.

O poeta não atira pedras de longe, ele se aproxima com a generosidade de quem está disposto a interagir com aquilo que tem lugar. À experiência do deserto, prefere a multiplicidade da experiência ("Simão no deserto"). Suas referências são heterogêneas, como são as da nossa época. Mas não manipula essa heterogeneidade como colecionador. Por meio dos objetos díspares da bolsa da mulher amada, por exemplo, expõe-se à possibilidade da delicadeza, ainda que na escala irônica de sua aparente insignificância ("escrevemos nossos nomes, inscrevemos nossos risos/ (por puro acidente) naquele dia/ na história do Ocidente") ou na recusa da idéia petrificadora da permanência ("Canto de insônia"). Atravessando as avenidas, em viagem para o presente, *Sangüínea* não desmente a vocação da melhor poesia, daquilo que aprendemos a chamar poesia: a necessidade de permanentemente reconstituir, "emular" ou "inventar", a fisionomia do poema, do poeta, do poético. Mas o que dizer sobre isso, se a tristeza de um "mundo ensurdecido" faz parte do mesmo gesto? À força de perguntar-se, de esclarecer seus impasses, suas exclusões, seus impossíveis, a poesia se desloca, ganha inevitavelmente um nome, um rumo, uma história.

NOTA SOBRE OS POEMAS

Os poemas "Takka Takka", "E-mail para Torquato Neto" e "*Tramóia trapaça e treta*" foram publicados no blog *As Escolhas Afectivas*, de Aníbal Cristobo (http://asescolhasafectivas.blogspot.com).

O poema "Canção de ninar" foi publicado no jornal *O Estado de S. Paulo* em 25/12/2006.

O poema "Takka Takka" foi publicado na revista *Entretanto*, nº 1.

Os poemas "Pedaços do esqueleto", "Takka Takka", "*Tramóia trapaça e treta*", "Canto de insônia", "Canção de ninar", "Poema n. 56", e "E-mail para Marcelo Montenegro (Subject: anotações para um filme dos anos 30)" foram publicados no site *Germina Literatura* (www.germinaliteratura.com.br).

O poema "E-mail para Carlito Azevedo" foi publicado na revista *A Cigarra*, nº 42.

AGRADECIMENTOS

Agradeço a generosidade, a delicadeza e a leitura de Alberto Martins, Carlito Azevedo, Danilo Bueno, Diego Vinhas, Dirceu Villa, Fabrício Corsaletti, Juliana Di Fiori Pondian, Marcos Siscar e Ricardo Domeneck.

Agradeço também a amizade e a força de Armando Freitas Filho, Augusto de Campos, Horácio Costa e Marcos Moraes.

SOBRE O AUTOR

Fabiano Calixto nasceu em Garanhuns, Pernambuco, em 1973. Formado em Letras, teve seus poemas publicados em vários jornais e suplementos do Brasil e do exterior. Traduziu Jim Morrison, Gonzalo Rojas, Guillaume Apollinaire, Charles Olson, John Lennon, Sylvia Plath e, juntamente com Claudio Daniel, a antologia de poemas de León Félix Batista, *Prosa do que está na esfera* (Olavobrás, 2003). Atualmente dedica-se à tradução da obra de Benjamín Prado. Com Angélica Freitas, Marília Garcia e Ricardo Domeneck, edita a revista de poesia *Modo de Usar & Co*. No site *Germina Literatura*, assina a coluna de poesia "Stultifera Navis". É autor dos livros de poesia *Algum* (edição do autor, 1998), *Fábrica* (Alpharrabio, 2000), *Um mundo só para cada par* (com Kleber Mantovani e Tarso de Melo, Alpharrabio, 2001) e *Música possível* (Cosac Naify/7 Letras, 2006), e do infanto-juvenil *Pão com bife* (SM, 2007). Além disso, organizou, juntamente com André Dick, o livro *A linha que nunca termina: pensando Paulo Leminski* (Lamparina, 2005).

ÍNDICE

Lado 1, Lado 2, Lado 3, Lado 4

A canção do vendedor de pipocas 11
De Santo André ao Campo Limpo: o Brasil 13
No Campo Limpo, em visita 16
Uma paisagem de São Paulo 18
Versos de circunstância 19
Pedaços do esqueleto 20
Takka Takka 21
Uma outra manhã em Santo André 22
Tramóia trapaça e treta 24
Devaneio com canção popular
     do centro-oeste & outras canções 25
Paranapiacaba, um dia 27
Canto de insônia 29
Do tempo 30
Delicadeza 31
Depois da música 32
Ruído úmido 33
Ato V, cena IX 34
Baladeta à maledeta 35
Canção de ninar 36
Guaifenesina Dextrometorfano 38
Musikka (Scritti politti) 39
Juntando gravetos 40
Tentando encontrá-la 42
Uma história de amor 44
Poema n. 56 46
Canto LXXIII 48

The ballad of Sid & Nancy 49
Simão no deserto 51
Versos de circunstância 55
A nóia de Aquiles... 56
Obituário literário com figuras de gatos e ratos 57
Leitura 59
Sete assaltos 61

Caixa de saída

E-mail para Oswald de Andrade 65
E-mail para Paul McCartney 66
E-mail para Marcelo Montenegro
   (Subject: anotações para um filme dos anos 30) 68
E-mail para Torquato Neto 70
E-mail para Diego Vinhas 71
E-mail para Adriana Calcanhotto 73
E-mail para Ricardo Domeneck 75
E-mail para Carlito Azevedo 77

Sangüínea

Um desenho 81
Elefante de sândalo 83
Sarah Kane's paint 85
Soneto.. 87
Mick e a cítara 89
Poema n. 36 91
Adriana Varejão veste flores 92
Sangüínea 93
Maria Angela Biscaia, as mãos.................................... 95

Teoria da linguagem

Poema n. 32 99
Um poema para ela 100
Duas paisagens (uma sem e outra com você)................ 102

A falta que ela me faz 104
Ow 107
Com ela 109
Juliana 112

O idioma vermelho de Fabiano Calixto
  Marcos Siscar 114

Nota sobre os poemas 122
Agradecimentos 123
Sobre o autor 124

ESTE LIVRO FOI COMPOSTO EM SABON, PELA
BRACHER & MALTA, COM CTP DA FORMA
CERTA E IMPRESSÃO DA BARTIRA GRÁFICA E
EDITORA EM PAPEL PÓLEN SOFT 80 G/M² DA
CIA. SUZANO DE PAPEL E CELULOSE PARA A
EDITORA 34, EM NOVEMBRO DE 2007.